LA
RÉFORME MONÉTAIRE

ET

SES CONSÉQUENCES

A

L'ILE DE LA RÉUNION

SAINT-DENIS (RÉUNION)

TYPOGRAPHIE DE GABRIEL ET GASTON LAHUPPE, RUE DU CONSEIL

—
1879

CHAMBRE DE COMMERCE

EXPOSÉ

L'exposé suivant est tiré de la *Revue Commerciale* du 26 mai 1879 :

Nous venons de traverser un mois comme notre place n'en a jamais vu de pareil. Les affaires sont enrayées, le crédit est considérablement réduit, les marchandises n'ont, pour la plupart, qu'un cours nominal ; — les effets publics n'en ont pas du tout, à peine peut-on en établir un pour le change commercial.

Ce désarroi est dû en partie à la démonétisation, mais surtout aux mesures qui l'ont accompagnée.

En reproduisant, le mois passé, ce télégramme adressé au Gouverneur par le Ministre de la marine, à la date du 18 mars 1879 :

« *D'accord avec Ministre des Finances, décret dé-*
« *monétisation retiré. Inspecteur reçoit ordre re-*
« *venir.* »

Nous disions ces seuls mots, qui résumaient toute une situation :
« C'était attendu. »

Dans notre pensée, les Ministres des Finances et de la Marine, mieux informés par les avis venus d'ici, avaient renoncé à une mesure que nous avons si justement qualifiée de néfaste.

Aujourd'hui, prenant acte de la déclaration même du Ministère, nous sommes en droit de dire que rien ne pouvait être plus imprévu que l'arrivée, par la malle suivante, d'un nouveau Délégué des ministres, ayant pleins pouvoirs pour opérer la démonétisation des monnaies étrangères ayant cours légal dans la Colonie, et cela immédiatement, à bref délai.

Ainsi, l'avis de la Chambre de commerce, de la Chambre syndicale des Agents de change, de la Chambre d'agriculture, du Conseil d'administration de la Banque, des Directeurs des établissements de crédit, du Conseil privé, n'a pas prévalu auprès des Ministres. Leurs Excellences, en apprenant ce qui se passe ici, regretteront d'avoir écouté des voix moins autorisées.

Depuis la promulgation du décret, la vie commerciale est chez nous suspendue ; le trouble est partout ; dans certains quartiers, on a pu craindre un commencement de désordre.

Dès le mardi 6 mai, trois jours après l'arrivée de la malle, un extraordinaire du *Journal officiel* publiait l'arrêté du Gouverneur qui promulguait dans la Colonie le décret du Président de la République, en date du 2 avril 1879, portant promulgation des lois, décrets et ordonnances relatifs au régime monétaire de la Métropole et abrogation de toutes les dispositions contraires au dit décret.

Un arrêté du même jour détermine les conditions et les délais dans lesquels s'opérera le retrait des pièces démonétisées. C'est du 12 au 31 mai qu'elles devront être échangées contre de la monnaie nationale et des billets de la Banque coloniale. A partir de la publication du décret, toutes les monnaies étrangères qui viendraient à être importées dans la colonie seront déposées dans les entrepôts des Douanes d'où elles ne pourront être retirées qu'à partir du 1er juin, si, jusque là, elles n'ont pas été réexportées par leurs propriétaires.

Un extraordinaire du *Journal officiel* du 8 mai publie un arrêté qui surseoit à l'application de la disposition de l'article 5 de la loi du 14 juillet 1866, vu que le Trésor, pour le retrait des monnaies étrangères, ne possède, en majeure partie, que de la monnaie divisionnaire et que la disposition précitée admet ces monnaies comme appoint seulement jusqu'à concurrence de cinquante francs pour chaque paiement.

L'*Officiel* du samedi 10 mai contient un avis de la Direction de l'intérieur, informant le public que, par suite de la promulgation dans la colonie des lois, décrets et ordonnances relatifs au régime monétaire de la Métropole, M. le Coat de K/véguen aura à remplir vis-à-vis du public l'engagement qu'il a pris, en 1859, de rembourser les pièces de 20 kreutzers. Un délai qui devra prendre fin le 1er juin prochain est accordé à M. de K/véguen pour opérer le retrait des dites pièces, lesquelles pourront jusque là circuler pour leur valeur actuelle de un franc.

Cet avis a eu pour effet de mettre en discrédit les pièces allemandes de 20 kreutzers, dites K/véguens, du nom du grand propriétaire qui a obtenu, en 1859, l'autorisation d'en introduire 227,000 et de les faire circuler pour un franc, quoiqu'elles soient d'un titre bien inférieur, avec obligation de les rembourser pour valeur égale à bureau ouvert. C'était à peu près la seule monnaie, avec les billons de 10 et 5 centimes, qui existât dans l'île avant la venue des roupies. On ne sait que par des *on dit* que M. de K/véguen en aurait introduit d'autres depuis ; mais c'est de notoriété publique qu'il ne serait pas le seul dans ce cas. Devra-t-il supporter les frais de la démonétisation de tout ce qui existe de ces pièces ? C'est ce que les tribunaux décideront. Son mandataire a retiré les 227,000 autorisées en 1859 et ne pouvait faire plus, n'ayant pas d'instruction à cet égard.

Or, la nouvelle que le Gouvernement comprenait· les K/véguens dans la démonétisation en en laissant le remboursement à qui de droit, et le refus du mandataire de M. de K/véguen de continuer à les retirer, ont déprécié cette monnaie, qui était celle de tout le monde, surtout des plus pauvres. Ouvriers, domestiques, travailleurs se sont trouvés, avec de l'argent en main, dans l'impossibilité de se procurer les objets les plus nécessaires, le riz, par exemple, les marchands se refusant à prendre en paiement les K/véguens. A Saint-Paul et au Butor, ils se sont mis en grève, ils ont fermé leurs boutiques pour ne pas vendre. Des plaintes se sont élevées de toutes parts, et tous les moyens employés jusqu'ici pour réparer le mal ont été nuls ou insuffisants.

L'Officiel du 21 mai publie un arrêté convoquant le Conseil général en session extraordinaire pour le 5 juin, à l'effet de statuer sur les mesures à prendre relativement aux monnaies allemandes actuellement en circulation.

Le même journal contient un avis du maire de Saint-Denis, ainsi conçu : « Par ordre de M. le

Gouverneur, j'ai l'honneur d'informer la population de Saint-Denis que les caisses municipales recevront, à partir de demain, les kreutzers dits K/véguens, comme par le passé, pour tous les impôts. »

Voilà où en est la question des kreutzers. L'émotion qu'elle a causée est loin d'être apaisée.

Nous avons déjà fait connaître en quoi consistait le système que M. l'inspecteur Hocdé était chargé d'appliquer pour opérer la démonétisation. Le nouveau Délégué des ministres est arrivé avec 8 millions, dont 2 millions en or, 1 million et demi en pièces de cinq francs et le reste en monnaies divisionnaires. Jusqu'ici les remboursements ont eu lieu en ces dernières et en billets de la Banque, dans une proportion qui a souvent varié.

Le but déclaré que l'on poursuit, c'est la baisse du change. On s'efforce de le faire tomber à 4 ou 5 pour cent, de manière à ce qu'il n'y ait plus avantage à remettre en monnaie nationale ; celle-ci resterait alors dans le pays et l'on aurait ainsi conjuré la crise monétaire imminente.

Le moyen de produire ce double effet, c'était, selon nous, de jeter dans la Colonie du numéraire en quantité suffisante pour satisfaire à la fois à la circulation et aux besoins de remises. C'eût été à recommencer au bout d'un certain temps, mais au moins on eût atteint momentanément le but. Loin de là, on rembourse en grande partie avec les billets de la Banque. Aussi se fait-il partout et sur grande échelle un drainage des monnaies mises en circulation. Les roupies se sont payées jusqu'à 3 pour cent, en vue du remboursement en monnaie nationale, et l'argent français de 5 à 6 pour cent, non compris les pièces de 5 francs qui, avec l'or, ne sont pas sorties jusqu'ici du Trésor.

On est vivement préoccupé de ce mouvement dans les régions officielles, car c'est la ruine de tout le système ; aussi fait-on de grands efforts pour arrêter la sortie du numéraire. Pour aider à la baisse du change, que la démonétisation pure et simple ne paraîtrait plus suffire à pouvoir produire, on a eu recours à une combinaison financière, consistant à faire tirer par la Banque pour un million de traites par ce courrier, dans des conditions que nous n'indiquons pas ici, parce qu'elles se trouvent exposées en détail dans le procès-verbal de la Chambre de commerce, qui a énergiquement protesté contre cette ingérence du Gouvernement dans les affaires du commerce.

Séance du Vendredi 23 mai 1879

La séance est ouverte à 9 heures du matin par M. J.-B. BUROLEAU, *président*.

Sont présents : MM. BERTHO, RINGWALD, SOUBRE, LE ROY, CLÉMENCEAU, O'TOOLE, VALLY, BLAY.

Absents excusés : MM. MORAU et LAURATET, ce dernier en congé.

Lecture est donnée de la lettre suivante, de M. A. Ringwald, en date du 21 du courant :

MONSIEUR LE PRÉSIDENT

DE LA CHAMBRE DE COMMERCE,

SAINT-DENIS.

« Mon cher Président ,

« Ce qui se passe en ce moment sur notre
« place à l'occasion du taux du change sur France,
« par ce courrier, n'a pu manquer d'éveiller vo-
« tre attention. Il me paraît impossible d'admet-
« tre que l'Etat puisse intervenir d'une manière
« aussi manifeste dans les affaires de notre place
« et porter ainsi le trouble dans les transactions
« du commerce, sans que la Chambre , gardienne
« vigilante des intérêts du Pays , n'élève la voix
« pour protester.
« Il me paraît indispensable que la Chambre
« signale à l'attention du Gouvernement métro-
« politain ce qui se passe en ce moment dans no-
« tre petit pays déjà si malheureux, et qu'elle
« explique par quel abus de pouvoir M. le Délé-
« gué des ministres de la Marine et des Finances
« se croit en droit de venir, au nom du Gou-
« vernement républicain , faire échec aux libertés
« de notre commerce.
« Je viens donc vous demander de vouloir bien
« réunir la Chambre, pour que je puisse la saisir
« d'une proposition à l'occasion des faits qui se
« produisent en ce moment.

« Agréez, mon cher Président, mes bien af-
« fectueuses salutations.

« Signé : A. RINGWALD. »

Le Président, considérant que si, aux termes
de l'article 15 de l'arrêté du 4 août 1849, les attributions de la Chambre de commerce sont purement consultatives, l'article 16 lui confère le
pouvoir, par voie d'initiative, de présenter des
mémoires sur toutes les questions qui intéressent
le Commerce et l'Industrie, en se maintenant
dans les limites de ses attributions, donne la parole à M. Ringwald pour développer sa proposition.

M. RINGWALD s'exprime ainsi:

Messieurs,

Les faits qui s'accomplissent en ce moment et
sur lesquels je viens appeler votre attention sont
de deux natures bien distinctes.

Dans une première catégorie, je placerai toutes les mesures relatives à la démonétisation,
c'est-à-dire au retrait de la circulation des monnaies étrangères que le Trésor rembourse actuellement, partie en monnaie divisionnaire nationale, partie, soit de 25 à 33 0/0, en billets de
notre Banque coloniale.

A l'occasion de cette première catégorie de
faits, on pourrait certainement reprocher au Gouvernement de n'avoir pas choisi, pour promulguer son décret de démonétisation, cette époque
de l'année où notre pays, dépourvu de denrées
de la dernière récolte, n'est pas encore en possession de ses nouveaux produits. Il n'est plus
douteux, en effet, que, dans l'esprit des promoteurs du décret, la démonétisation devait avoir
pour conséquence immédiate la baisse du change. On se demande alors pourquoi son applica-

tion à la Colonie n'a pas été faite à cette époque de l'année où le commerce n'a plus de traites à fournir pour l'expédition de notre récolte.

C'était le moyen le plus simple et le plus sûr à employer pour respecter les affaires en cours et ne point jeter le trouble dans les transactions de notre place.

Mais tous les faits de cette catégorie sont le résultat de la promulgation d'un décret de démonétisation que la Chambre de commerce n'a plus à discuter et qu'elle entend accepter comme un fait accompli, avec toutes ses conséquences naturelles.

Ainsi que je viens de vous le dire, il est bien certain aujourd'hui que la baisse du change sur France devait être, pour les promoteurs du décret, une des conséquences les plus naturelles et les plus immédiates de la démonétisation. M. le Gouverneur, il y a quelques jours, n'a pas manqué de le rappeler au Pays, dès son arrivée parmi nous. Cette opinion, la Chambre de commerce l'a combattue par cette raison que le taux du change ne pouvait être régi que par l'offre et la demande, et par cette autre considération que, depuis longtemps, nos besoins de remises étaient supérieurs à nos facultés de tirages.

M. le Délégué des ministres de la Marine et des Finances n'a pas tardé à reconnaître que ses espérances au sujet de la baisse immédiate du change n'étaient plus qu'une illusion, et c'est alors que se sont produits les faits regrettables qu'il est du devoir de la Chambre de mettre en relief.

M. le Délégué des ministres des Finances et de la Marine, déçu dans des espérances qu'il avait probablement fait partager en haut lieu, n'hésita pas à penser que le Gouvernement de la République devait immédiatement entrer en lice, faire concurrence à notre commerce, prendre en mains la direction du change sur France, et décréter que les traites par ce courrier ne pourraient se placer à plus de dix pour cent de prime à 90 jours de vue.

Si M. le Délégué de nos ministres, poursuivant son but, avait exercé franchement et ouvertement son intervention dans les affaires de notre place, nous n'aurions pas à expliquer ni à commenter ici ses actes, qui se recommanderaient d'eux-mêmes à la critique d'un gouvernement aujourd'hui aussi républicain, Dieu merci, de fait que de nom.

Mais cette intervention dans les affaires de notre place est entourée de quelques nuages qui pourraient en dénaturer la portée et qu'il est du devoir de la Chambre de commerce de dissiper. Cette intervention, qu'elle se déguise sous le nom d'opération de trésorerie, ou qu'elle revête les apparences de la régularité d'une simple combinaison d'arbitrage, due à l'initiative des administrateurs de notre Banque coloniale, cette intervention, dis-je, n'en est pas moins flagrante et la Chambre a pour devoir de l'établir.

Les faits que je vais exposer s'étant passés entre M. le Délégué de nos ministres et les directeurs de nos principaux établissements de crédit, je prierai mes collègues, MM. Bertho et Soubre, en leur qualité de membres des conseils d'administration de la Banque et du Crédit agricole, de vouloir bien rectifier mes déclarations, si elles leur paraissent contraires à la vérité.

Il est de notoriété publique que M. le Délégué de nos ministres a fait chez nous, auprès des Directeurs de nos établissements de crédit, des démarches tendant à faire baisser le cours du change sur France. Ces démarches étant restées infructueuses, M. le Délégué s'est rappelé qu'il joignait à ses titres celui de membre du Conseil de surveillance des banques coloniales, et il en a profité pour offrir à la Banque l'affaire suivante, que cet établissement a accepté de traiter sur la base de 10 % de prime, après avoir formellement refusé de la conclure sur la base de 7 pour cent de prime, qui lui avait été primitivement indiquée par M. le Délégué de nos ministres.

M. le Délégué, dans un traité qui doit être signé par lui et contresigné par M. le Gouverneur, s'est engagé envers notre Banque coloniale à lui constituer à Paris, aux frais, risques et périls de l'Etat, une provision de *un million* de francs en doublons espagnols démonétisés. La valeur de ces doublons, calculée d'après leur ancien taux légal de 86 fr. 65 c. l'un, doit être remboursée par la Banque au Gouvernement à la Réunion.

Cette provision est constituée à Paris par l'Etat, à charge pour la Banque de la Réunion de fournir par ce courrier pour un million de ses traites, à 90 jours de vue, sur Paris. Ces traites doivent être distribuées au public par la Banque elle-même, sous le contrôle de M. le Délégué de nos ministres, au taux de 10 pour 100, prime fixée et imposée par lui.

On pourrait se demander pourquoi la Banque, après avoir refusé le taux de 7 pour 100, a enfin accepté celui de 10 pour 100, imposé en dernier lieu par M. le Délégué de nos ministres. La raison en est qu'à ce taux de 10 pour 100 de prime, l'intérêt des actionnaires exigeait que la Banque ne refusât pas systématiquement une affaire qui lui offrait un bénéfice double de celui qu'elle réalise habituellement sur ses opérations de change. Tout le monde sait, en effet, chez nous, que nos banques ont toujours livré leurs traites avec un écart de un pour cent seulement sur le taux des traites du commerce, et qu'elles ne réalisaient ainsi qu'un bénéfice de 1 pour 100, que les frais de timbre et de courtage abaissaient le plus souvent au-dessous de 3/4 pour 100.

Il suffit, d'autre part, de connaître le dernier cours des doublons espagnols, à Paris, pour voir que l'opération imposée par le Délégué de nos ministres, à 10 pour 100 de prime, laissera à la Banque un bénéfice net de plus de 1 1/2.

A côté de cette part de bénéfices attribuées à la Banque, il ne faut pas oublier de signaler que cette opération, faite par le Délégué de nos ministres au détriment exclusif des intérêts du commerce, chargé de l'expédition de nos récoltes, procurera encore à l'Etat un bénéfice de près de 7 pour 100, représentant la perte qu'il n'aura pas supportée sur la réalisation, à Paris, de ce million en doublons espagnols.

Voici maintenant quelles seront les fâcheuses conséquences de l'opération imaginée par M. le Délégué de nos ministres, opération qui restera son œuvre et non celle de notre Banque :

1° D'augmenter d'un million les sommes déjà considérables que l'Etat a accumulées en billets de notre Banque dans les caisses de notre trésor colonial ;

2° De faire perdre à l'Etat, sur ce million ainsi paralysé, tout intérêt pendant un laps de temps dont la durée ne peut se prévoir ;

3° De faire perdre ultérieurement à l'Etat, sur

ce même million, une somme d'autant plus considérable, que le taux ultérieur du change sera supérieur aux 7 % que l'Etat aurait seulement perdus par la vente, en France, des doublons espagnols démonétisés ;

4° De faire concurrence au commerce en exerçant sur le taux du change une pression inavouée, dont les effets seront certainement éphémères, mais dont les conséquences sont de jeter fatalement la perturbation dans nos transactions.

On peut se demander comment le commerce pourra désormais acheter les produits de nos récoltes, puisque ces achats ne se font qu'au moyen de tirages sur France, et que le taux du change, qui est un des principaux éléments constitutifs d'un prix de revient, doit désormais échapper complétement à l'appréciation du commerce.

On peut encore se demander où s'arrêtera cette intervention de l'Etat dans les affaires de notre place, car le cours des riz, du sucre et du café n'est pas plus difficile à décréter que celui du change.

Je propose donc à la Chambre d'adresser au Gouvernement métropolitain, par voie hiérarchique, la protestation suivante :

« La Chambre de commerce de l'ile de la « Réunion,

« Considérant que le décret de démonétisation « promulgué à la Réunion est accepté par tous « les membres de la Chambre, comme fait « accompli, et avec toutes ses conséquences na-« turelles ;

« Considérant que, si la baisse de 6 0/0, qui « s'est produite sur le taux du change par ce

« courrier, avait été le résultat naturel de la me-
« sure de démonétisation adoptée par le Gouver-
« nement, la Chambre l'eût acceptée sans réserve ;

« Mais, attendu que la baisse de 6 pour cent
« dont s'agit, qui semble être la conséquence d'une
« combinaison de change due à l'initiative de la
« Banque de la Réunion, n'est, en réalité, que le
« résultat d'une opération de commerce entre-
« prise pour compte de l'Etat par M. le Délégué
« des ministres des Finances et de la Marine, en
« vue d'opérer sur le cours du change sur France
« une pression inavouée ;

« Attendu que MM. les ministres des Finances
« et de la Marine du Gouvernement républicain
« de la France n'ont pu donner à leur Délégué le
« pouvoir qu'ils n'ont pas de confisquer les liber-
« tés de notre commerce ;

« Attendu que l'intervention manifeste, bien
« qu'inavouée, de M. le Délégué des ministres de
« la Marine et des Finances dans les affaires de
« change de notre place, a eu pour effet de sus-
« pendre, pour ce courrier, toute transaction sur
« les traites, dans un moment où l'expédition de
« notre récolte n'est pas terminée, et de nuire
« ainsi, dans une très-large mesure, aux intérêts
« du pays ;

« La Chambre de commerce de la Réunion pro-
« teste formellement contre les mesures adoptées
« par M. le Délégué des ministres de la Marine et
« des Finances pour faire baisser le cours du chan-
« ge sur France, mesure qu'elle signale à l'at-
« tention du Gouvernement républicain de la
« France comme attentatoire aux libertés du com-
« merce de notre Colonie. »

MM. Bertho et Soubre, répondant à l'interpel-

lation qui leur a été adressée par M. RINGWALD, déclarent qu'ils n'ont pas à contredire ses asser‑
tions.

Les conclusions proposées par M. RINGWALD sont mises aux voix et adoptées à l'unanimité.

La parole est à M. SOUBRE, qui s'exprime ainsi:

Messieurs,

La Chambre étant le défenseur naturel du com‑
merce, j'ai l'honneur de soumettre à son appré‑
ciation un acte arbitraire dont je viens d'être la victime, de la part de l'Administration. Par voie d'affiches et de journaux, la Banque a annoncé l'émission par cette malle d'un million de traites à la prime de 10 0/0, en invitant le public à se faire inscrire jusqu'au jeudi, 22 du courant, jour où la répartition en serait faite.

Conformément à cet avis, j me suis fait inscrire pour 235,000 francs, ordre de divers, somme no‑
tablement inférieure à mes besoins.

La demande ayant excédé de beaucoup le mil‑
lion offert, je devais compter tout au moins sur une part proportionnelle. Il n'en a rien été; on m'a rayé purement et simplement de toute pro‑
portion, et voici pour quel motif:

Dans la matinée d'hier, M. le Délégué des mi‑
nistres des Finances et de la Marine me fit prier de passer à son cabinet pour une communication à me faire. Il m'exposa que M. le Gouverneur avait été informé que je me livrais à l'achat des mon‑
naies françaises, dans le but de les réexporter ; que M. le Gouverneur considérait ce fait comme très‑
fâcheux et allant à l'encontre du but que se pro‑
posait le gouvernement métropolitain ; que, si je persistais dans mon intention, M. le Gouverneur

se croirait obligé de supprimer ma demande de
traites de la Banque.

J'ai répondu à M. le Délégué que le renseigne-
ment fourni à M. Gouverneur était parfaitement
exact en ce qui me concernait, mais qu'en achetant
de la monnaie française, je n'avais nullement excédé mon droit, attendu qu'aucune disposition légale
ne défend l'exportation du numéraire. J'ai ajouté
à M. le Délégué qu'en pareille matière, la question
de sentiments ou de patriotisme n'avait que faire ;
que mon devoir de mandataire m'obligeait, au contraire, à faire des remises à mes correspondants,
aux meilleures conditions possibles ; qu'en tout cas,
mon abstention n'empêcherait nullement la sortie
de l'argent français, laquelle est la conséquence
obligée de la mesure de démonétisation dont il est
l'exécuteur.

M. le Délégué, tout en ne partageant pas mes
idées, a bien voulu me promettre de faire part de
mes objections à M. le Gouverneur, ajoutant qu'en
raison de certaines considérations personnelles, il
intercéderait auprès du Chef de la Colonie pour le
faire revenir de sa décision à mon égard.

Dans l'après-midi, M. le Délégué m'a fait de
nouveau appeler pour me communiquer sa détermination. Sur mon refus de ne pas donner suite
à mon expédition de monnaie, M. le Délégué m'a
déclaré officiellement que ma demande de traites
était totalement repoussée. Cette détermination
m'a été confirmée ce matin par M. le Directeur
de la Banque.

M. RINGWALD dit que la déclaration de M.
Soubre démontre que l'opération des traites de la
Banque de la Réunion est bien faite pour compte
de l'État, puisque la répartition de ces traites est

soumise au contrôle arbitraire de M. le Délégué des ministres des Finances et de la Marine.

« La Chambre,

« Considérant qu'aucune disposition légale ne
« défend l'exportation des monnaies ;
« Considérant que le commerce et l'exportation
« des monnaies sont permis et se justifient, même
« pour la Banque coloniale, par la lettre de ses
« statuts ;
« Considérant que le commerce et l'exporta-
« tion des monnaies sont dans l'esprit même du
« décret de démonétisation, lequel a pour prin-
« cipal objectif de faire baisser le change sur
« France, par la faculté d'exportation des mon-
« naies nationales ;
« Proteste à nouveau, à l'unanimité, contre
« l'abus d'autorité dont M. F. Soubre vient d'être
« victime. »

La séance est levée à 10 heures.

Le Président,

J.-B. BUROLEAU.

Le Secrétaire,

A. RINGWALD.

La délibération de la Chambre de commerce fut annulée par décision du Gouverneur, publiée par le *Journal officiel* du 31 mai.

Décision

Le Gouverneur de la Réunion,

Vu l'arrêté du 4 août 1849 portant réorganisation de la Chambre de Commerce de la Colonie;

Vu la délibération de la Chambre de Commerce du 23 du courant, publiée dans le *Journal du Commerce* du 27 et se terminant comme suit :

1° La Chambre de Commerce de la Réunion proteste formellement contre les mesures adoptées par le délégué des Ministres des Finances et de la Marine pour faire baisser le cours du change sur France, mesures qu'elle signale à l'attention du Gouvernement républicain de la France, comme attentatoires aux libertés du commerce dans la Colonie.

2°....... proteste à nouveau et à l'unanimité contre l'abus d'autorité dont M. S*** vient d'être victime;

Attendu que le délégué du Ministre des finances dans la Colonie n'est qu'un auxiliaire de l'Autorité locale et n'a jamais agi qu'avec l'autorisation du Gouverneur; qu'au fond, le Trésor, en vendant à la Banque, et la Banque, en achetant des quadruples démonétisés qui étaient devenus la propriété de l'Etat, à condition pour l'acquéreur d'émettre des mandats sur France à un change déterminé, n'ont fait qu'user du droit qui appartient à tous de vendre et d'acheter, et n'ont porté atteinte à aucune liberté ;

Considérant que la Chambre de Commerce est une assemblée purement consultative, créée par l'Administration locale pour l'éclairer de ses avis sur l'état de l'industrie et du commerce et sur les moyens d'en accroître la prospérité, non un pouvoir de surveillance et de contrôle; que si, aux termes de l'article 16 de l'arrêté du 4 août 1849, la Chambre de Commerce peut, par voie d'initiative, présenter des mémoires sur toutes les questions qui intéressent le commerce et l'industrie, cette disposition ne l'autorise point à se livrer à la censure d'un acte particulier du Gouvernement local, encore moins à qualifier cet acte d'abus d'autorité et de mesure attentatoire aux libertés du commerce ;

Considérant encore que la Chambre de Commerce étant d'institution locale n'a pas le droit de déférer les actes du Pouvoir local au Gouvernement métropolitain dont elle ne relève pas ; qu'en outre, elle est sortie de ses attributions en autorisant la publication, dans les journaux, d'une délibération qui, quelle qu'elle fût, ne devait être remise qu'à l'Administration ;

Attendu que la délibération dont il s'agit est contraire dans sa lettre et dans son esprit aux dispositions de l'arrêté local du 4 août 1849 et que, pour ce motif, comme par suite de sa publication dans les journaux, elle porte atteinte à l'ordre administratif établi ;

Sur la proposition du Directeur de l'intérieur,

DÉCIDE :

La délibération de la Chambre de Commerce du 23 du courant est et demeure annulée.

La présente décision sera, à la diligence du Directeur de l'intérieur, transcrite sur le registre des délibérations de la Chambre, en marge de la délibération annulée.

Saint-Denis, le 28 mai 1879.

CUINIER.

Par le Gouverneur :

Le Directeur de l'Intérieur,

ED. MANÈS.

A cette occasion, la Chambre tint séance le 4 juin. En voici le compte-rendu.

Séance du Mercredi 4 Juin 1879

La séance est ouverte à neuf heures du matin par M. J.-B. BUROLEAU, *président.*

Sont présents : MM. BERTHO, RINGWALD, SOUBRE, LE ROY, O'TOOLE, MORAU, VALLY, BLAY.

Absents, mais excusés : MM. CLÉMENCEAU et LAURATET.

Lecture est donnée de la lettre suivante de M. le Directeur de l'intérieur, en date du 29 mai, ainsi que de la décision prise par M. le Gouverneur, le 28 du même mois, portant annulation de la délibération de la Chambre de commerce en sa séance du 23 mai.

MONSIEUR LE PRÉSIDENT

DE LA CHAMBRE DE COMMERCE,

SAINT-DENIS.

« Monsieur le Président,

« J'ai l'honneur de vous accuser réception de
« votre lettre du 24 mai courant, à laquelle était
« annexée une copie de la délibération prise par
« la Chambre de commerce dans sa séance du 23
« du même mois.

« Suivant le désir exprimé par la Chambre,
« j'ai transmis ce procès-verbal à M. le Gouver-
« neur, qui me charge de vous faire savoir que,
« par sa décision du 28 du courant, il annule la
« dite délibération comme « étant contraire, dans
« sa lettre et dans son esprit, aux dispositions
« de l'arrêté du 4 août 1849. »

« Ainsi que vous le remarquerez, Monsieur le
« Président, cette décision, dont ci-joint copie,
« doit être, à la diligence du Directeur de l'in-
« térieur, transcrite sur le registre des délibéra-
« tions de la Chambre, en marge de la délibéra-
« tion annulée.

« J'ai, en conséquence, l'honneur de vous
« prier, en m'accusant réception de la présente

« communication, de vouloir bien me faire sa-
« voir si la transcription prescrite a été opérée.

« Agréez, Monsieur le Président, l'assurance
« de ma considération la plus distinguée.

« *Le Directeur de l'Intérieur*,

« Signé: ED. MANÈS. »

La Chambre de commerce de la Réunion,
après délibération au sujet de la décision de M.
le Gouverneur, en date du 28 mai, exprime ses
vifs regrets de se trouver en divergence d'opinion avec l'Autorité supérieure ; mais elle ne
saurait accepter le rôle que veut lui imposer cette
décision et consentir à la réduction des limites et
de la portée de l'initiative qui lui a été accordée
par l'arrêté du 4 août 1849.

Se considérant forte de son droit, elle maintient son appréciation au sujet de l'opération de
traites combinée par M. le Délégué de nos ministres avec la Banque coloniale, et persiste à
protester contre l'atteinte, ainsi portée à la liberté
des transactions commerciales.

Le droit qui appartient à tous de vendre ou
d'acheter peut aussi appartenir à l'Etat; mais
celui-ci doit éviter, dans ses opérations, d'imposer des conditions qui soient de nature à nuire au
commerce par l'effet d'une concurrence ouverte
ou déguisée. Le particulier paie patente et il opère avec ses propres ressources ; l'Etat n'est soumis à aucune charge, et ses fonds sont ceux des
contribuables ; sa mission est de protéger tous
les intérêts et non de leur porter préjudice.

Ce n'est pas dans la vente à la Banque coloniale de doublons espagnols que consiste, aux yeux

de la Chambre, l'atteinte portée à la liberté du commerce par M. le Délégué de nos ministres ; elle est dans l'obligation qu'il a imposée à cet établissement d'abaisser le taux du change de 6 0/0 subitement et de la façon la plus arbitraire.

La Chambre tient à le répéter : soumise à la loi, elle accepte sans murmure la démonétisation des monnaies étrangères et ses conséquences bonnes ou mauvaises ; mais elle ne saurait admettre comme conséquence de la démonétisation la pression exercée par M. le Délégué de nos ministres sur le cours du change, à l'aide d'opérations de commerce.

S'il est vrai, comme l'a déclaré M. le Délégué de nos ministres, que l'Etat a entendu prendre à sa charge tous les frais de la démonétisation, comment expliquer que le commerce de la Colonie soit forcé d'y participer largement ? Comment ne pas voir dans l'opération des traites avec la Banque un but d'économie dont la réalisation se produit au grand détriment du commerce local ?

Il est certain que, seule, la volonté de M. le Délégué de nos ministres a prévalu pour faire fixer le taux du change ; et il en est résulté l'impossibilité, tout à fait anormale pour notre commerce, de négocier la plus grande partie de ses traites documentaires. Cet état de choses se continue, car les traites qui pourraient être émises à la réception des connaissements qui nous arrivent au fur et à mesure des chargements restent sans preneurs ; les banques locales, en effet, justement émues, alarmées de l'intervention de l'Etat dans les affaires de change, ne peuvent garder une autre attitude que celle de l'abstention. Ainsi, toutes les transactions de notre commerce sont paralysées, et notre place souffre sérieusement de ce trouble financier.

Telle est la conséquence de la mesure imposée à la Banque par M. le Délégué de nos ministres, mesure que M. le Gouverneur déclare avoir couverte de sa sanction.

La Chambre croirait manquer à son devoir en ne renouvelant pas à l'Autorité supérieure ses doléances et ses appréhensions ; le mal est fait ; mais, au lieu de le laisser grandir, un remède pourrait lui être porté ; il suffirait d'une simple déclaration de l'Autorité supérieure, et la Chambre ose espérer que M. le Gouverneur dira son intention désormais de laisser se produire naturellement sur le change l'effet de la démonétisation, en se refusant à couvrir encore de son approbation des mesures tendant à forcer le cours du change et à créer au commerce une concurrence fâcheuse.

Alors, seulement, les transactions pourront reprendre leur cours ; les entraves à la négociation des traites seront levées, et le solde de notre récolte pourra être liquidé et exporté.

En ce qui touche l'interprétation faite par l'Autorité supérieure du pouvoir d'initiative de la Chambre, elle répond :

Le droit d'annulation dont la loi a armé le Chef de la Colonie envers le Conseil général et les Conseils de commune, s'explique par la nature des attributions de ces assemblées, qui ont à voter des budgets ; il se justifie même par la faculté dont jouissent ces assemblées, de se pourvoir contre les décisions du Chef de la Colonie. Une assimilation avec la Chambre de commerce est-elle possible ? Non, car la Chambre n'est qu'une assemblée consultative, investie du pouvoir d'ini-

tiative pour la présentation de mémoires sur toutes questions pouvant intéresser le commerce et
l'industrie ; son rôle doit se borner à conseiller,
pétitionner ou protester ; et, tant qu'elle ne sort
pas de ces limites, elle reste dans le cadre de ses
attributions et de son initiative. Comment com-
prendrait-elle, dès lors, l'annulation de sa délibération du 23 mai? Lui est-il donné de se pourvoir contre une décision du Chef de la Colonie qui,
en se revêtant du caractère d'un acte de pure administration, n'est, en réalité, que l'expression
d'un blâme sévère et immérité ?

Le droit de pétition appartient à tout citoyen
français ; ce droit, quand il s'exerce contre des
faits accomplis, ne peut se traduire que sous forme de regrets, de réclamation ou de protestation.
L'Autorité peut-elle se re refuser à reconnaître à
la Chambre, qui, certes, ne s'est attribué aucun
pouvoir de surveillance et de contrôle, un droit
pour le moins égal à celui que la loi accorde in-
dividuellement à chacun des membres qui la com-
posent?

Les mémoires présentés par la Chambre ne sau-
raient tous porter les mêmes conclusions, et s'il
est arrivé que la Chambre ait conclu par une protestation qui a pu paraître désagréable à l'Autorité, parce qu'elle était contraire à ses vues, la
Chambre n'en est pas moins restée dans la limite
de son droit.

L'interprétation du Chef de la Colonie, relative
à l'organisation de la Chambre par l'arrêté du 4
août 1849, ne saurait non plus être accueillie par
elle.

Cette organisation, sur les mêmes bases que
celles des Chambres de commerce de la Métropole,
a été établie par un arrêté de M. le Commissaire

général de la République , en vertu des pouvoirs législatifs que lui avait conférés le décret du 27 avril 1848.

La Chambre de commerce de la Réunion, jouissant de la même organisation que ses sœurs de la Métrople, ne peut accepter d'être considérée comme d'institution locale ; les Chambres de France , pour être départementales , ne relèvent pas seulement des préfets ; elles relèvent de plus haut, c'est-à-dire du Ministère de l'Agriculture et du Commerce.

La publication des procès-verbaux de la Chambre n'est interdite par aucune disposition légale ; en France, les Chambres de commerce ne se bornent pas à cette publication , sans besoin de l'autorisation des préfets ; plusieurs d'entre elles , entr'autres celles du Havre et de Nantes, publient, chaque année , l'exposé de leurs travaux, où se trouve enregistrée leur correspondance directe avec les Ministres.

Si ce droit de correspondance directe lui a été refusé par l'article 19 de l'arrêté du 4 août 1849, la Chambre de la Réunion ne l'a pas oublié ; aussi, s'est-elle bornée à exprimer le vœu que son dernier mémoire, sous forme de protestation, fût adressé au Pouvoir central par la voie hiérarchique, en exécution de cet article 19.

Les prérogatives accordées par la loi à notre Chambre de commerce sont assez restreintes pour qu'elle tienne à les sauvegarder ; la Chambre ne peut admettre que la loi ait voulu frapper d'interdiction des citoyens français parce qu'ils sont réunis en Chambre de commerce, cette Chambre fût-elle coloniale.

Par ces motifs :

La Chambre de commerce de la Réunion maintient sa délibération du 23 mai dernier ;

Se refuse à se condamner elle-même en transcrivant sur son registre, en marge de cette délibération, la décision de M. le Gouverneur en date du 28 mai,

Et charge son Président de prier M. le Directeur de l'intérieur de faire parvenir au Pouvoir central, par voie hiérarchique, le procès-verbal de la présente délibération.

Le présent procès-verbal, après deuxième lecture, est adopté à l'unanimité.

La séance est levée à dix heures.

Le Président,

J.-B. BUROLEAU.

Le Secrétaire,

A. RINGWALD.

Le 16 juin, la Chambre se réunissait encore pour protester à nouveau contre la pression exercée par le Gouvernement sur les affaires de change.

Séance du Lundi 16 Juin 1879

La séance est ouverte à deux heures de relevée par M. J.-B. BUROLEAU, *président.*

Sont présents : MM. BERTHO, RINGWALD, SOUBRE, LE ROY, LAURATET, MORAU, VALLY, BLAY.

Absents excusés : MM. CLÉMENCEAU et O'TOOLE.

La Chambre, appelée à apprécier la portée des

dernières mesures prises par l'Administration, à l'occasion de son intervention persistante dans les affaires de change de notre place, déclare qu'elle ne faillira pas à son devoir, et qu'elle ne cessera de protester contre toutes les atteintes portées aux libertés du commerce, quelque pénible que soit l'obligation qui lui est imposée d'avoir, dans la circonstance, à réagir contre les tendances du Gouvernement.

Ces dernières mesures, que la Chambre n'hésite pas à enregistrer et à mettre en relief, ont une gravité qui n'échappera à personne, puisqu'elles démontrent que l'Administration a conscience du tort qu'elle a déjà fait et qu'elle continue à faire volontairement aux intérêts du commerce de notre colonie.

La Chambre garantit l'authenticité des faits qu'elle va retracer et qui motivent sa réunion de ce jour.

L'Administration, mise en possession du procès-verbal de la dernière délibération de la Chambre, dès le jeudi 5 juin courant, ne se préoccupa en aucune façon des avis qu'il contenait. La Chambre signalait pourtant à l'Administration toute la gravité des conséquences de l'opération des traites de la Banque, et priait M. le Gouverneur de ne pas laisser grandir le mal déjà fait. Mais la Chambre n'était pas écoutée. Cette opération des traites de la Banque, critiquée par la Chambre, n'avait-elle pas été combinée par M. le Délégué de nos ministres, dont la compétence en pareille matière était de nature à rassurer complétement l'Autorité. Tout était donc pour le mieux ; l'Administration était sans inquiétude ; la Chambre de commerce se trompait évidemment et ses doléances devaient être considérées comme l'expression d'une déconvenue infligée par le Pouvoir à cet esprit de lucre auquel M. le Gouverneur a fait allusion en s'adressant de vive voix aux membres de la Chambre, le jour même de son arrivée dans notre île.

Telle était la situation, lorsqu'un de nos honorables compatriotes, revenu dans la Colonie en même temps que M. le Gouverneur et M. le Délégué de nos ministres, fut appelé, pour la sauvegarde de ses propres intérêts, à se rendre compte de ce qui se passait sur notre place. Effrayé de la perturbation qui commençait à se produire dans toutes les transactions, il en chercha les causes et ne tarda pas à reconnaître que l'origine du mal remontait à l'opération des traites de la Banque, qui avait eu pour résultat :

1° D'immobiliser dans les caisses du Trésor une somme considérable de onze cent mille francs en billets de la Banque brusquement retirés de la circulation ;

2° D'exposer nos établissements de crédit à des remboursements imprévus, conséquence inévitable des nouveaux tirages en baisse que l'Administration se proposait de faire opérer mensuellement, soit par la Banque, soit par le Trésor public.

Notre honorable compatriote, plus heureux que la Chambre de commerce, eut le privilége d'être écouté par M. le Délégué de nos ministres, et de le décider à se faire rendre compte de la situation par les Directeurs réunis de nos trois établissements de crédit.

Les renseignements fournis à M. le Délégué lui révélèrent l'intensité d'un mal dont il ne soupçonnait pas l'existence, malgré les avertissements de la Chambre, et l'obligèrent à instruire M. le

Gouverneur de ce qu'il venait d'apprendre ; aussi, dès le lendemain, les Directeurs de nos trois banques étaient-ils appelés dans le cabinet du Chef de la Colonie.

C'est à la suite de cette conférence, à laquelle assistait M. le Délégué de nos ministres, que M. le Gouverneur prit sur lui de disposer des fonds de l'Etat, pour en prêter un million de francs, en billets de notre Banque coloniale, à l'Agence du Comptoir d'Escompte à la Réunion.

C'est encore à la suite de cette conférence que M. le Gouverneur autorisa la Banque à ajourner le remboursement des quatre cent mille francs que M. le Délégué de nos ministres s'est engagé a faire verser par l'Etat, au crédit du compte de notre Banque coloniale dans la Banque de France, et qu'enfin il prit l'engagement d'exonérer la Banque du versement éventuel d'une somme de quatre cent mille francs qu'elle pouvait être appelée à effectuer pour la démonétisation des kreutzers (dits K/véguens), en exécution d'un projet du Gouvernement que, depuis, notre Conseil général a heureusement repoussé.

On le voit, la situation était grave, très-grave, puisque M. le Gouverneur n'hésitait pas à remettre à l'Agence du Comptoir d'Escompte, à titre de prêt, les fonds des contribuables de notre mère-patrie. L'Administration comprenait donc enfin la gravité des conséquences de ses actes, puisqu'elle cherchait et trouvait dans des expédients de salut public, inconnus jusqu'ici dans notre Colonie, un remède au mal qu'elle avait imprudemment causé, et que, pourtant, elle pouvait si facilement éviter.

Il était permis à la Chambre d'espérer que ce

mal auquel le Gouvernement remédiait par des moyens héroïques, ne se reproduirait plus.

Hélas! la Chambre constate avec regret que l'expérience d'un désastre, à peine conjuré, n'a pas plus converti l'Administration que les avertissements de la Chambre ne l'avaient touchée,

M. le Délégué vient de recommencer ses démarches auprès des Directeurs de nos établissements de crédit, dans le but de leur imposer une nouvelle baisse dans le cours du change par le prochain courrier. Ces démarches n'ont été accueillies, comme la première fois, que par notre Banque coloniale, à qui le Gouvernement fait ainsi payer bien cher le privilége d'émission de billets qu'il lui a octroyé.

M. le Délégué a d'abord proposé à la Banque coloniale, pour le prochain courrier, une deuxième opération de traites, basée, comme la première, sur une provision de cinq cent mille francs en doublons espagnols à fournir à Paris par l'Etat; moyennant cette provision, la Banque s'engageait à fournir par le prochain courrier pour six cent cinquante mille francs de ses traites à quatre-vingt-dix jours de vue, à la prime de 8 pour cent seulement; mais comme ce taux de 8 pour cent, imposé par M. le Délégué des Ministres, constituait la Banque en perte de 10,000 francs, soit de 2 0/0 sur la vente des cinq cent mille francs de doublons espagnols, le Gouvernement s'engageait, pour l'en dédommager, à lui faire délivrer, au pair, cent cinquante mille francs de traites, à vingt ou trente jours de vue, sur le Trésor public à Paris. Ces mandats, négociés par la Banque à 9 pour cent au moins de prime, en raison de leur courte usance, assuraient à la Banque un bénéfice de treize mille cinq cents francs qui la dédommageait largement de la perte des 10,000 francs laissée à sa charge.

Ainsi qu'on le voit, l'opération était assez séduisante et le Conseil d'administration de la Banque, dans lequel domine, en fait, l'élément officiel, ne pouvait manquer de l'accepter; on l'espérait du moins, non seulement parce que l'intérêt des actionnaires exigeait qu'il en fût ainsi, mais surtout parce qu'on se souvenait qu'on n'avait rien ménagé pour faire comprendre à cette majorité des administrateurs officiels de la Banque, que MM. les Ministres et leur Délégué, membre lui-même de la Commission de surveillance des banques coloniales, entendaient être obéis, sans la moindre résistance.

Cependant, il faut le dire à sa louange, le Conseil d'administration de la Banque fit savoir au Gouvernement qu'avant d'accepter sa proposition, il croyait devoir faire observer que cette deuxième opération aurait fatalement, comme sa devancière, pour conséquence de retirer brusquement de la circulation de notre place une valeur de plus de 700,000 francs qui se confinerait encore dans les caisses du Trésor, et nous rejetterait dans une crise financière, analogue à celle que le Gouvernement venait à peine de conjurer. La Banque espérait donc que le Gouvernement ne l'obligerait pas à participer à une mesure dont les conséquences pouvaient encore être désastreuses pour le Pays.

Ces raisons émurent l'Administration qui avait pourtant déclaré que, si la Banque se refusait à accepter la combinaison proposée par M. le Délégué de nos ministres, le Gouvernement fournirait lui-même par le prochain courrier des traites sur le Trésor public jusqu'à concurrence de 650,000 francs.

C'est alors que la Banque, dans le but d'empêcher de retirer de la circulation de la place la contre valeur des tirages exigés par le Gouvernement, offrit à l'Administration de fournir elle-même un chiffre de 400,000 francs de traites à 90 jours de vue, par chacun des courriers de juin et de juillet, au taux de 9 0/0, à la condition que le Gouvernement s'abstiendrait, pendant ces deux mois, de toute intervention dans les affaires de change de notre place.

Cette dernière proposition fut acceptée par M. le Gouverneur, mais à la condition que le taux du change serait abaissé de 9 à 8 0/0, taux imposé par M. le Délégué de nos ministres.

Il fallait pourtant qu'il fût bien établi que ce taux de 8 0/0 était aussi fictif qu'arbitraire ; aussi, M. le Gouverneur, pour dédommager la Banque du préjudice de 1 0/0 que lui imposait la seule volonté du Délégué de nos ministres, s'engagea à délivrer à la Banque une somme de 100,000 francs, au pair, en traites à 20 ou 30 jours de vue sur le Trésor public de Paris. La prime que la Banque obtiendra sur ces mandats du Trésor la dédommagera amplement du préjudice résultant de la baisse de 1 0/0 qui lui a été ainsi imposée. La répartition des 800,000 francs de traites de la Banque doit, comme précédemment, être faite par M. le Délégué de nos ministres pour le courrier de juin, et par l'Administration pour celui de juillet.

M. le Gouverneur et M. le Délégué de nos ministres chercheront peut-être à vouloir justifier leurs opérations des traites de la Banque, par cette raison qu'elles pouvaient être utiles pour empêcher l'exportation du numéraire ; mais personne ne peut ignorer que, pour tâcher d'obtenir ce résultat, il aurait fallu émettre non pas des traites à 10 et 8 0/0 de prime, mais bien des traites au pair, ou tout au moins à 2 0/0, taux représentant l'équivalent des frais incombant à l'exportation du numéraire. Cette raison, si elle était jamais invoquée, se réfuterait donc d'elle-même ; aussi la Chambre proclame-t-elle que les opérations des traites de la Banque n'ont rien de commun avec l'exécution du décret de démonétisation que M. le Délégué de nos ministres, d'accord avec M. le Gouverneur, était chargé de promulguer à la Réunion.

De ces malencontreuses émissions des traites de la Banque, il ne reste donc qu'une opération de commerce, entreprise par l'Etat, au préjudice exclusif des expéditeurs du solde de notre récolte. La Chambre regrette que M. le Gouverneur ait couvert de sa responsabilité une telle combinaison financière, exécutée dans le seul but de procurer au Délégué de nos Ministres une satisfaction personnelle, qui lui était refusée par les effets naturels du décret de démonétisation.

Il est du devoir de la Chambre de répéter que la baisse du change sur France est purement factice et que, cependant, pour l'obtenir, M. le Gouverneur n'a pas craint, dans une colonie française, d'employer les fonds des contribuables français de notre mère-patrie à faire, sans motif légitime, une concurrence fâcheuse au commerce français. Cette concurrence est d'autant plus regrettable, qu'elle s'est exercée dans un moment où l'expédition du solde de notre récolte, par 15 navires encore en cours d'opérations sur nos rades, se chiffrait par plus de 9,000 tonneaux de sucre, représentant une valeur de près de cinq millions de francs.

Pour résumer son opinion sur les questions soumises à son appréciation, la Chambre rappelle qu'elle est fidèle aux traditions de ses devancières, en repoussant formellement toute intervention du Gouvernement dans les affaires commerciales de la Colonie. Elle rappelle que, de tout temps, les monnaies nationales ont toujours été exportées, même quand le change sur France était à la Réunion à 4 et 5 % d'escompte. C'est là un fait indéniable, qui pourrait justifier, dans une certaine mesure, le vœu tout récemment exprimé par notre Conseil général, en faveur d'une monnaie spéciale frappée pour notre Colonie à un titre assez bas pour qu'elle ne puisse être exportée.

Quoi qu'on en dise, on ne saurait mettre en doute le mérite de ceux qui nous ont administrés dans le passé, et lorsque nos anciens gouverneurs, de 1819 à 1849, donnaient à des monnaies étrangères un cours légal surhaussé, ils s'inspiraient des véritables besoins du pays et servaient ainsi, d'une manière pratique, les intérêts de la Colonie qu'ils administraient.

Si, comme on peut le croire, le vœu du Conseil général n'est pas accueilli, la Colonie n'aura bientôt plus de monnaie de circulation et elle sera fatalement condamnée au cours forcé des billets de la Banque et du Trésor.

Par ces motifs :

La Chambre, après délibération, proteste de nouveau contre le préjudice que l'Administration continue à porter au commerce de la Colonie, en persistant à nuire à la négociation des traites documentaires, que le commerce de notre place doit encore fournir pour l'expédition du solde de notre récolte sucrière, et en entravant toutes les transactions, par le retrait de la circulation de sommes considérables, que son intervention dans nos affaires de change accumule, en billets de la Banque, dans les caisses de notre Trésor colonial.

La Chambre charge son Président de faire parvenir au Pouvoir central, par voie hiérarchique, le procès-verbal de la présente délibération.

La Chambre décide, en outre, que les procès-verbaux de ses trois dernières délibérations seront mises en brochure et adressées à toutes les Chambres de commerce de nos ports métropolitains, dont les intérêts sont étroitement liés à ceux de notre Colonie. Elle espère que ses sœurs de la mère-patrie verront, comme elle, dans les actes de notre Administration locale, une grave atteinte portée non-seulement à la liberté du commerce français, mais encore aux attributions mêmes des Chambres de commerce de notre France libérale et républicaine.

Le présent procès-verbal, après deuxième lecture, est adopté à l'unanimité.

La séance est levée à quatre heures.

Le Président ,

J.-B. Buroleau.

Le Secrétaire ,

A. Ringwald.

L'*Officiel* du 18 juin publia l'arrêté de dissolution de la Chambre.

Arrêté

Nous Gouverneur de l'ile de la Réunion,

Vu notre décision du 28 mai dernier annulant, comme contraire à l'esprit et à la lettre de l'arrêté organique du 4 août 1849, la délibération de la Chambre de commerce du 23 du même mois, dans laquelle se trouvait qualifiée « d'abus d'autorité et de mesure attentatoire à la liberté du commerce » une vente de quadruples démonétisés faite par le Trésor à la Banque, avec l'approbation du Gouverneur;

Vu la nouvelle délibération de la Chambre de commerce du 4 de ce mois, publiée dans le journal la *Malle* du 8 et se terminant ainsi :

« La Chambre de commerce de la Réunion maintient « sa délibération du 23 mai dernier,

« Se refuse à se condamner elle-même en transcri- « vant sur son registre, en marge de cette délibération, « la décision de M. le Gouverneur en date du 28 mai,

« Et charge son président de prier M. le Directeur de « l'intérieur de faire parvenir au Pouvoir central, par la « voie hiérarchique, le procès-verbal de la présente dé- « libération. »

Attendu que la Chambre de commerce, qui était sortie de ses attributions d'assemblée consultative,

1° En attaquant avec violence un acte de l'Autorité locale;

2° En livrant cette attaque à la publicité;

3° En déférant l'acte dont il s'agit au Gouvernement métropolitain dont elle ne relève pas;

N'a fait qu'aggraver ses écarts en y persistant;

Attendu que l'état de conflit créé et entretenu par la Chambre de commerce ne saurait se prolonger, sans faire échec à la marche de l'Administration;

Vu l'arrêté local du 4 août 1849;

Vu l'article 43, § 5 de l'ordonnance organique du 21 août 1825;

Sur la proposition du Directeur de l'intérieur et l'avis du Conseil privé,

ARRÊTONS :

Art. 1ᵉʳ. La Chambre de commerce est dissoute à partir de ce jour.

2. Il sera procédé le plus tôt possible, conformément aux dispositions de l'arrêté local du 4 août 1849, à l'élection d'une nouvelle Chambre.

3. Le Directeur de l'intérieur est chargé de l'exécution du présent arrêté qui sera publié, inséré au *Bulletin officiel* et déposé aux Archives.

Saint-Denis, le 16 juin 1879.

CUINIER.

Par le Gouverneur :

Le Directeur de l'Intérieur,

ED. MANÈS.

______

Il convient de rapporter ici les passages suivants des deux protestations faites par la Chambre de commerce :

Extrait du procès-verbal de la séance du 23 mai 1879.

Le droit qui appartient à tous de vendre ou d'acheter peut aussi appartenir à l'Etat ; mais celui-ci doit éviter, dans ses opérations, d'imposer des conditions qui soient de nature à nuire au commerce par l'effet d'une concurrence ouverte ou déguisée. Le particulier paie patente et il opère avec ses propres ressources ; l'Etat n'est soumis à aucune charge et ses fonds sont ceux des contribuables ; sa mission est de protéger tous les intérêts et non de leur porter préjudice.

Extrait du procès-verbal de la séance du 4 juin 1879.

Ce n'est pas dans la vente à la Banque coloniale de doublons espagnols que consiste aux yeux de la Chambre l'atteinte portée à la liberté du commerce par M. le Délégué de nos ministres ; elle est dans l'obligation qu'il a imposée à cet établissement d'abaisser le taux du change de 6 pour 100 subitement et de la façon la plus arbitraire.

AXIOMES ET RÉFLEXIONS

DESTINÉS A DÉMONTRER L'INUTILITÉ ET LE DANGER DE L'INTERVENTION DE L'ADMINISTRATION DANS NOS AFFAIRES DE CHANGE A L'OCCASION DU DÉCRET DE DÉMONÉTISATION.

Administrer, c'est prévoir.

Démonétiser, c'est, dans le cas spécial qui nous occupe, retirer purement et simplement de la circulation, par voie de remboursement, des monnaies étrangères, pour les remplacer par du numéraire national.

Le cours du change n'est et ne peut être régi que par la loi éternelle de l'offre et de la demande. Toute mesure qui a pour but de contrarier cette loi suprême, doit avoir pour conséquence fatale et immédiate de troubler et de bouleverser profondément l'harmonie de toutes les opérations du commerce.

Les facultés de tirage d'une colonie qui reçoit tous ses approvisionnements de l'extérieur sont en raison directe de sa production, et ne peunt jamais être supérieures à ses besoins de re-

mises, lorsque l'absentéisme la prive de la jouis-
sance de ses revenus nets.

A la Réunion, plus des trois quarts des propriétaires du sol, y compris le Crédit foncier colonial,
font émigrer annuellement tous les bénéfices qu'ils
retirent de leurs propriétés ; la transmission en
France de ces bénéfices comblera donc toujours,
et surpassera même, le plus souvent, l'écart exis-
tant entre la valeur de nos exportations et celle
de nos importations.

La sortie du numéraire ne peut faire baisser le
cours du change que d'une manière accidentelle,
en nous jetant, à bref délai, dans une crise monétaire. Le remède serait donc pire que le mal,
et cependant le Gouvernement prévoit bien que
ses administrés en feront usage, puisque déjà il
promulgue, dans notre colonie, un décret donnant
aux bons du Trésor un cours forcé, qui est plu-
tôt de nature à favoriser qu'à entraver l'exportation des monnaies.

L'intervention de l'État dans nos affaires de
change ne pourra jamais les influencer d'une manière sérieuse et durable ; aussi ne sera-t-elle jamais qu'inutile et dangereuse.

La baisse de 6 0/0 décrétée pour le courrier de mai n'est que factice, aussi bien que celle
de 2 0/0 arrêtée pour le courrier de juin, car,
car, en nous imposant ces taux en baisse, l'Administration n'a pas détruit les causes du renché-
rissement des traites ; elle a seulement mis à la
charge de l'Etat, sans les combler, des besoins
de remises qu'elle ne peut que dissimuler pour
un temps plus ou moins long.

Ce simple déplacement de responsabilités n'a
pourtant pas été obtenu sans compromettre,
dans une large mesure, la marche des affaires

de notre place. Le million de traites que l'Administration a fait délivrer par la Banque pour compte de l'Etat, par le dernier courrier, a relégué dans les coffres du Trésor onze cent mille francs, subitement retirés de la circulation. Nos banques, privées à l'improviste de cette ressource qui alimentait les transactions courantes du marché, et menacées de remboursements provoqués par la baisse factice du change, ont immédiatement suspendu toutes leurs opérations. Notre place s'est tout à coup trouvée en proie à une crise financière des plus graves, que l'Administration n'a conjurée que par un véritable expédient de salut public, en remettant dans la circulation, sous forme d'un prêt au Comptoir d'Escompte, les sommes que son émission des traites de la Banque avait fait entrer dans les caisses du Trésor.

La dernière combinaison proposée par la Banque, pour consacrer la nouvelle baisse de deux pour cent, imposée par l'Administration, n'a été conçue que dans le but de prouver que cet établissement, loin de résister systématiquement aux volontés du Pouvoir, entendait, au contraire, les seconder dans la limite de ses ressources.

Cette intervention de la Banque, comportant tout le concours qu'elle pouvait offrir au Gouvernement, sans outrepasser les limites de ses facultés, ne pourra donc plus se reproduire ; et si l'Administration veut, pour le courrier d'août et les suivants, continuer à exécuter son programme de baisse du change, il faudra bien qu'elle revienne à l'émission directe ou indirecte des traites du Trésor.

Mais l'Administration est prévenue, par les faits accomplis, qu'elle ne peut faire de nouveaux tirages en baisse, sans être condamnée à prêter immédiatement à nos banques les sommes qu'elle retirera ainsi de la circulation. Il faut bien qu'elle reconnaisse que ses émissions de traites ne peuvent produire sur le change qu'un effet fictif, essentiellement éphémère, puisqu'elles ne doivent qu'ajourner des besoins de remises qu'il n'est pas en son pouvoir de faire disparaître.

Comment ne pas prévoir alors que le cours du change se relèvera de lui-même, lorsque l'Administration cessera de le comprimer, et qu'il atteindra des proportions inconnues et effrayantes, lorsque le Gouvernement songera lui-même à satisfaire les besoins de remises qu'il se sera créés par ses propres tirages. La réapparition, sur le marché, de ces besoins de remises du Gouvernement, pèsera d'un poids énorme sur le cours du change, et comme elle se produira dans un moment où nous n'aurons plus à opposer à la hausse du change que du papier à cours forcé, on se demande quelle pourra être désormais la limite de la hausse dont nous sommes menacés dans un prochain avenir.

On a beau dire et beau faire, écrit Frédéric Bastiat, dans son éminent ouvrage sur le libre-échange, il n'y a qu'une bonne politique, c'est celle de la justice.

Or, était-il juste de faire perdre bénévolement aux négociants et armateurs qui s'étaient chargés d'exporter les neuf mille tonneaux de sucre composant le solde de notre récolte, la prime du change, quelle qu'elle fût, pour en faire bénéficier d'autres négociants et armateurs qui s'étaient chargés d'approvisionner notre Colonie? Poser la question, c'est la résoudre, car l'exportation de nos récoltes n'intéresse pas moins la Colonie que l'approvisionnement de ses marchés.

L'injustice de la mesure adoptée par l'Administration ressort donc de ce fait indéniable qu'elle a imposé aux uns une perte bien imprévue, pour donner aux autres un bénéfice sur lequel ils ne comptaient pas.

Pour terminer ces réflexions, il y a lieu de répéter que ce fâcheux résultat n'a été obtenu qu'au détriment de l'Etat, c'est-à-dire des contribuables de notre mère-patrie, puisque les mesures adoptées par le Gouvernement ont seulement déplacé des responsabilités, en mettant à la charge de l'Etat des besoins de remises qu'il ne pourra satisfaire qu'en achetant, au Commerce ou à l'Agriculture, en concurrence, c'est-à-dire à un prix impossible à prévoir, les traites que nécessiteront ultérieurement les expéditions de nos récoltes.

Saint-Denis, 19 juin 1879.

A. RINGWALD.

Typ. de Gabriel et Gaston Lahuppe
Rue du Conseil, 119, St-Denis.

www.ingramcontent.com/pod-product-compliance
Lightning Source LLC
Chambersburg PA
CBHW051733050726
47598CB00003B/1167